palais et dragons

Le Chevalier de la Chaise Longue et Lady Ravage

HACHETTE
Jeunesse

D'après la série télévisée « Patates et Dragons »
Produite par (saisons 1 et 2, épisodes 1 à 78) : Alphanim, Cookie Jar Ent., Europool, Canal J.
En association avec DQ Ent. Ltd. et Luxanimation.

Avec le soutien de la région Poitou-Charentes, du département de la Charente, du CNC, de Film Fund Luxembourg – FONSPA, Québec Film and Television tax credit administred by SODEC Canada, The Canada Film and television production tax credit programme.

Développé avec le soutien du Programme MEDIA de l'Union Européenne.

Concept original et bible graphique : Jan Van Rijsselberge
Bible littéraire : Jean-Marc Bouzigues
Réalisée par : Jean-Christophe Roger
Scénario : Jacques E. Bouchard, Françoise Boulbil et Jean Helpert
Adaptation : Jean-François Bordier
Maquette : Solène Brochard

Loi n°49-956 du 16 juillet 1949 sur les publications destinées à la jeunesse.

Sommaire

Le roi Hugo III

Il ne rêve que d'une chose : se débarrasser à n'importe quel prix du Dragon.

La belle Mélodine

Elle ne rêve que d'une chose : tomber amoureuse d'un prince charmant romantique.

Riri le Bouffon

Il ne rêve que d'une chose : épouser la belle Mélodine dont il est éperdument amoureux.

Harry le Bourreau

Certainement le seul cuistot à porter l'habit de bourreau. Il rêve que le Roi le laisse un peu tranquille.

Et aujourd'hui :
Le Chevalier de la Chaise Longue,
alias **Lancelot**

Observons de plus près le Chevalier Lancelot. Un brushing impeccable, des lunettes de playboy, une armure dernier cri, il est plus coquet que la princesse Mélodine. Il n'en reste pas moins un vrai Chevalier qui s'est fixé une règle : interdiction de se battre si l'on n'a pas été provoqué. En clair, ce n'est pas lui qui commencera... Alors, Dragon, à vous l'honneur !

Il est des jours où l'on ne devrait
pas décrocher le téléphone…
« J'en ai marre de ces coups de fil,
hurle Sa Majesté cramoisie. Harry !
Résilie mon abonnement immédiatement. »

À l'autre bout du téléphone, le Dragon, très content de sa blague, rit aux éclats : « Hihihihihihihi ! »

Tout à coup, les trompettes annonçent l'arrivée du Chevalier Lancelot : une armure brillante et des lunettes de star. Dans le royaume, il est connu pour être un beau parleur...

« C'est alors que moi, Sire Lancelot, j'attrapai violemment le Dragon par le bonnet, dit-il en saisissant le pauvre Harry pour illustrer la situation. Bang !

– Bravo, Sire Lancelot ! s'écrie le Roi. Vous êtes génial ! Débarrassez-moi de mon Dragon et je vous donne ce qu'il vous plaira ! »

Mais Lancelot préfère faire le joli cœur plutôt que de chasser le Dragon.
Le roi Hugo III est excédé : « Si je veux que Lancelot lève ses fesses de sa chaise longue, il faut absolument que le Dragon l'attaque en premier. »

Riri a tout entendu et court prévenir son ami.
« Écoute-moi, dit Riri avec insistance.
Si le Roi cherche à te provoquer, surtout ne réponds pas ! C'est compris ?
Pas une flamme, même pas une petite ! »
Le Dragon promet de se tenir à carreau.

Le Roi est bien décidé à faire réagir la bestiole.
Il débarque avec tambour et trompette.
Pim ! Pam ! Poum ! Tuuuut ! Tuuut !
Le Dragon serre les dents.
Riri le lui a bien dit : surtout ne pas craquer !

Mais il est soudain pris d'une terrible crise d'éternuement.
« Ah ah ah atchoooum ! »
Il ne peut retenir ses flammes.
Le Roi et le Chevalier de la Chaise Longue sont carbonisés.

Le Dragon est désolé.
Il avait pourtant promis de se contrôler.

Lancelot doit maintenant relever l'affront.
Vêtu de la dernière armure à la mode,
il se présente à l'entrée de la caverne.
« Par la présente, dit-il sur un ton très suffisant,
je déclare livrer bataille au Dragon qui
a osé rôtir le brushing de Sire Lancelot ! »

Le Dragon, indifférent, termine sa séance de manucure...

C'est alors que d'énormes pierres
se décrochent du sommet de la montagne.
« Au secours ! » hurle Lancelot en s'enfuyant.
Un Chevalier digne de ce nom aurait
d'abord cherché à venir en aide
aux plus faibles… lui, non.

Mais le Dragon au grand cœur est là pour protéger ses amis. C'est un vrai Chevalier. Quant à Lancelot, cet incident a dévoilé sa véritable nature.

La princesse Mélodine est furieuse.
« Vous n'êtes qu'un lâche ! » lance-t-elle au Chevalier qui jette alors sa belle armure au sol.
« C'est vrai... Je suis une honte pour la profession, déclare-t-il, en sous-vêtements. Adieu ! »

Lancelot parti, le roi Hugo III se sent tout à coup seul… très, très seul. « Il n'y aurait pas comme une odeur de roussi par ici ? » se dit-il tout à coup.

Exact, Majesté !
Votre copain le Dragon
est de retour et il
brûle d'impatience
de jouer à nouveau
avec le feu !

Questions

Tu veux tester tes connaissances ?
Alors, réponds aux questions suivantes :

1- Comment Lancelot est-il surnommé ?

- Le Chevalier de la Table de Jardin
- Le Chevalier de la Chaise Pliable
- Le Chevalier de la Chaise Longue

2- Pour combattre le Dragon, Lancelot doit :

- Être affamé
- Être endormi
- Être provoqué

Ombres

Laquelle de ces ombres
est celle du Chevalier Lancelot ?

Où est mon armure ?

Le Chevalier Lancelot est parti en oubliant son armure.
Aide-le à la retrouver.

2
3
5
6

Solutions des jeux

Questions

1- Le Chevalier de la Chaise Longue

2- Être provoqué

Ombres

C'est l'ombre n°3.

Où est mon armure ?

C'est l'armure n°2.

Et aujourd'hui :

Lady Ravage

Observons de plus près Lady Ravage ! La sublimissime blonde possède deux armes infaillibles : un parapluie multifonctionnel et un charme fulgurant dont elle sait parfaitement jouer pour obtenir ce qu'elle désire, quand elle le désire.
Elle prétend aujourd'hui pouvoir capturer le Dragon. Elle veut, en échange, épouser le roi Hugo III...

Le roi Hugo III est très énervé. Son banquier ne lui apporte pas de bonnes nouvelles :
« Majesté, vous n'avez plus un centime !
Mais si vous me donnez votre Dragon…
Comme c'est un animal rare, je pourrai le vendre à un cirque, je deviendrai riche et j'oublierai vos dettes ! Qu'en pensez-vous ? »

Une visite surprise interrompt le Roi :
« Ooohh ! Quelle beauté !
– Mon nom est Lady Ravage ! J'ai terrassé, seule, 124 dragons. J'accepte d'en accrocher un de plus à mon tableau de chasse, si vous faites de moi une Reine ! »

Pour convaincre le Roi de ses talents, elle dégaine son fameux parapluie et le braque en direction d'une des souris du château. « Technique de la cartouche soporifique », susurre la beauté blonde. Elle appuie sur la détente et la souris tombe, endormie.

« Pas question d'avoir cette femme comme belle-maman ! En plus, j'ai l'impression qu'elle nous cache quelque chose... » bouillonne Mélodine.
Elle décide de la surveiller de plus près...

Et, très vite, elle découvre la vérité : Lady Ravage est en fait une horrible sorcière ! En se regardant dans le miroir, elle aperçoit une jolie couronne…
« Mais on m'espionne ! » s'écrie-t-elle en se retournant vers la fenêtre.

La Princesse est repérée ! Rapide et rusée , elle attrape le parapluie multifonctionnel de Lady Ravage.

« Rends-moi ça tout de suite, petite sauterelle, ou je te transforme en crapaud ! » hurle la sorcière en furie.

Lady Ravage appelle alors son horrible cochon sauvage en renfort :
« Cochoooon ! Cochoooon ! »
Tous crocs dehors, le porc fonce sur Mélodine et la précipite dans la rivière.

C'est terrible, le courant est en train d'emporter la Princesse !
« Au secours ! À l'aide ! Aidez-moi ! » hurle-t-elle désespérément.

Par chance, Riri a entendu les cris
de sa bien-aimée et vient la sortir de l'eau.
« Oh, Riri, mon héros ! » s'exclame
la Princesse en tombant dans les bras
de son sauveur.

Pendant ce temps, le Dragon dort paisiblement sans se douter que la terrible Lady Ravage est à ses trousses.
« Vite, Dragon ! Réveille-toi, elle arrive ! » préviennent Mélodine et Riri.

Trop tard ! Lady Ravage est déjà là. Elle arme son cochon d'explosifs et l'envoie dans la grotte.

Le Dragon lance une immense flamme qui dissuade l'animal d'aller plus loin et fait exploser son équipement !

Victoire ! Les trois compères vont enfin pouvoir révéler au grand jour la véritable identité de la belle blonde !

« Papa, nous avons pensé que tu aimerais connaître le vrai visage de belle-maman ! » annonce fièrement Mélodine.
Son masque arraché, la grande blonde n'a plus rien de sublimissime.

« Majesté, Lady Ravage devait capturer le Dragon, rappelle le banquier inquiet. L'opération a échoué. Alors, comment allez-vous me rembourser ? »
Le Roi se frotte la barbe en souriant : « J'ai une idée géniale ! »

« Une fête foraine ! annonce le Roi ravi.
Voilà comment je vais devenir richissime ! »
Le petit banquier est sceptique :
« Richissime avec une fête foraine ? !
Il va falloir une attraction exceptionnelle pour attirer les foules ! »
Sa Majesté éclate de rire :
« Je ne vous le fais pas dire ! »

Un train fantôme avec une vraie sorcière !
Le roi Hugo III peut en être sûr : sa fête foraine remportera un vif succès !

Labyrinthe

Aide le Dragon à griller l'horrible cochon.
Plusieurs chemins sinueux sont dessinés…
Un seul mène au cochon, mais lequel ?

Questions

Tu veux tester tes connaissances ?
Alors, réponds aux questions suivantes :

1- Quelle arme utilise Lady Ravage ?

- Une baguette magique
- Un téléphone portable
- Un parapluie multifonctionnel
- Des gants de boxe

2- Quel animal accompagne Lady Ravage ?

- Un vilain corbeau
- Une méchante chouette
- Un crapaud gluant
- Un horrible cochon

3- À qui le Roi doit-il de l'argent ?

- Son boulanger
- Son coiffeur
- Son banquier
- Son barbier

Cache-Ravage

Lady Ravage s'est cachée
dans l'enceinte de la fête foraine.
Aide le Roi à la retrouver.

Solutions des jeux

Labyrinthe

Le bon chemin est le B.

Questions

1- Un parapluie multifonctionnel

2- Un horrible cochon

3- Son banquier

Cache-Ravage